AF283527

Ana Cremades Martínez

APULEYO EDICIONES    FOMENTO DE VALORES    CUENTOS ILUSTRADOS

# EL LADRÓN DE LAS FLORES ROJAS

APULEYO EDICIONES          FOMENTO DE VALORES          CUENTOS ILUSTRADOS

El gato Chester tenía un jardín muy bonito. Estaba lleno de margaritas, amapolas, rosas, jazmines y un montón de plantas de un verde brillante.

*El gat Xester tenia un jardí molt maco. Era tot ple de margarides, roselles, rosAes, gessamins i un munt de plantes d'un veArd brillant.*

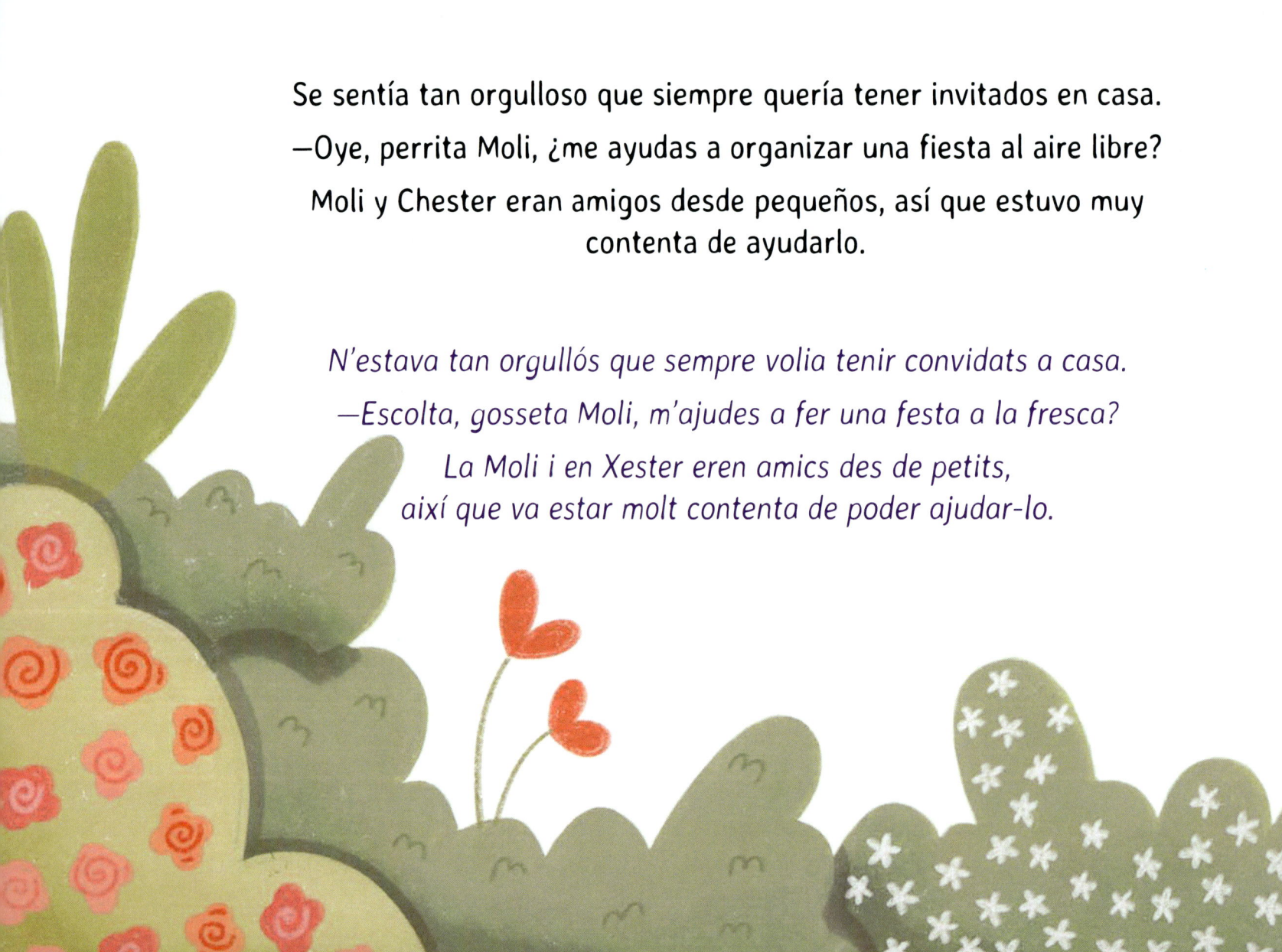

Se sentía tan orgulloso que siempre quería tener invitados en casa.

—Oye, perrita Moli, ¿me ayudas a organizar una fiesta al aire libre?

Moli y Chester eran amigos desde pequeños, así que estuvo muy contenta de ayudarlo.

*N'estava tan orgullós que sempre volia tenir convidats a casa.*

*—Escolta, gosseta Moli, m'ajudes a fer una festa a la fresca?*

*La Moli i en Xester eren amics des de petits,
així que va estar molt contenta de poder ajudar-lo.*

Llegó el gran día, el día en que Chester prepararía una gran merienda para todos. El ciervo Tanai, la cabra Rita, el conejo Godi, la jirafa Cloe y, por supuesto, la perrita Moli eran algunos de los asistentes.

*Va arribar el gran dia, el dia en què en Xester faria un berenar per tots. El cérvol Tanai, la cabra Rita, el conill Godi, la girafa Cloe i per descomptat la gosseta Moli, eren alguns dels assistents.*

Comieron bocadillos, pasteles y buñuelos.

—¡Bravo! ¡Ahora llegan los refrescos, la horchata y la leche!

Después de cantar y bailar hasta no poder más, se tiraron en el jardín y se quedaron dormidos como troncos.

Van menjar entrepans, pastissos i bunyols.

—Visca! Ara arriben els refrescos, l'orxata i la llet!

Després de cantar i ballar fins a no poder més, es van quedar estirats al jardí i van adormir-se com a soques.

A primera hora, el rocío de la mañana y el hambre hicieron que todos despertaran.

—¡No puede ser, las flores rojas han desaparecido!

De bon matí, la frescor i la gana
els va fer despertar.

—No pot ser, les flors vermelles
han desaparegut!

¿Qué podía haber sucedido? Tal vez había entrado un ladrón mientras dormían.

Pensaron que los brujos de la comarca los ayudarían a resolver el misterio.

Eran sabios y tenían gran astucia, pero, después de algunos días, vieron que no habían podido encontrar al ladrón.

*Que podia haver passat? Potser havia entrat un lladre mentre dormien.*
*Van pensar que els bruixots de la comarca els ajudarien a esbrinar el misteri.*
*Eren savis i tenien gran astúcia, però després d'alguns dies van veure que no havien pogut trobar el lladre.*

Finalmente, fueron a buscar a la tortuga Rona. Ella era la mejor investigadora que existía, aunque costaba mucho dinero contratarla.

"A la una y a las dos, el misterio de la flor.

A la una y a las dos, la gran Rona es la mejor".

*Finalment, van anar a buscar a la tortuga Rona. Ella era la millor investigadora que existia, tot i que valia molts diners contractar-la.*

*"A la primera i a la segona, buscant pistes i trobant proves.*

*A la primera i a la segona, res se li escapa a la gran Rona".*

La tortuga instaló cámaras
escondidas entre las plantas.
A pesar de la tecnología que utilizaba,
ella ya tenía un claro sospechoso. El plan era
el siguiente: Chester debía organizar otra fiesta.

*La tortuga va instal·lar càmeres ben amagades entre les plantes. Tot i la tecnologia que feia servir, ella ja tenia un clar sospitós. El pla era el següent: en Xester havia d'organitzar una altra festa.*

"A la una y a las dos, el misterio de la flor.

A la una y a las dos, la gran Rona es la mejor".

Nadie sabía que el jardín estaba siendo vigilado, por lo que comían, reían y disfrutaban como si tal cosa. Cuando estaban hartos, como la vez pasada, quisieron echar una siesta.

*"A la primera i a la segona, buscant pistes i trobant proves.*

*A la primera i a la segona, res se li escapa a la gran Rona".*

*Ningú sabia que el jardí estava vigilat, així que menjaven, reien i gaudien de la tarda com si res. Quan eren ben tips, com l'altra vegada, van voler fer una becaina.*

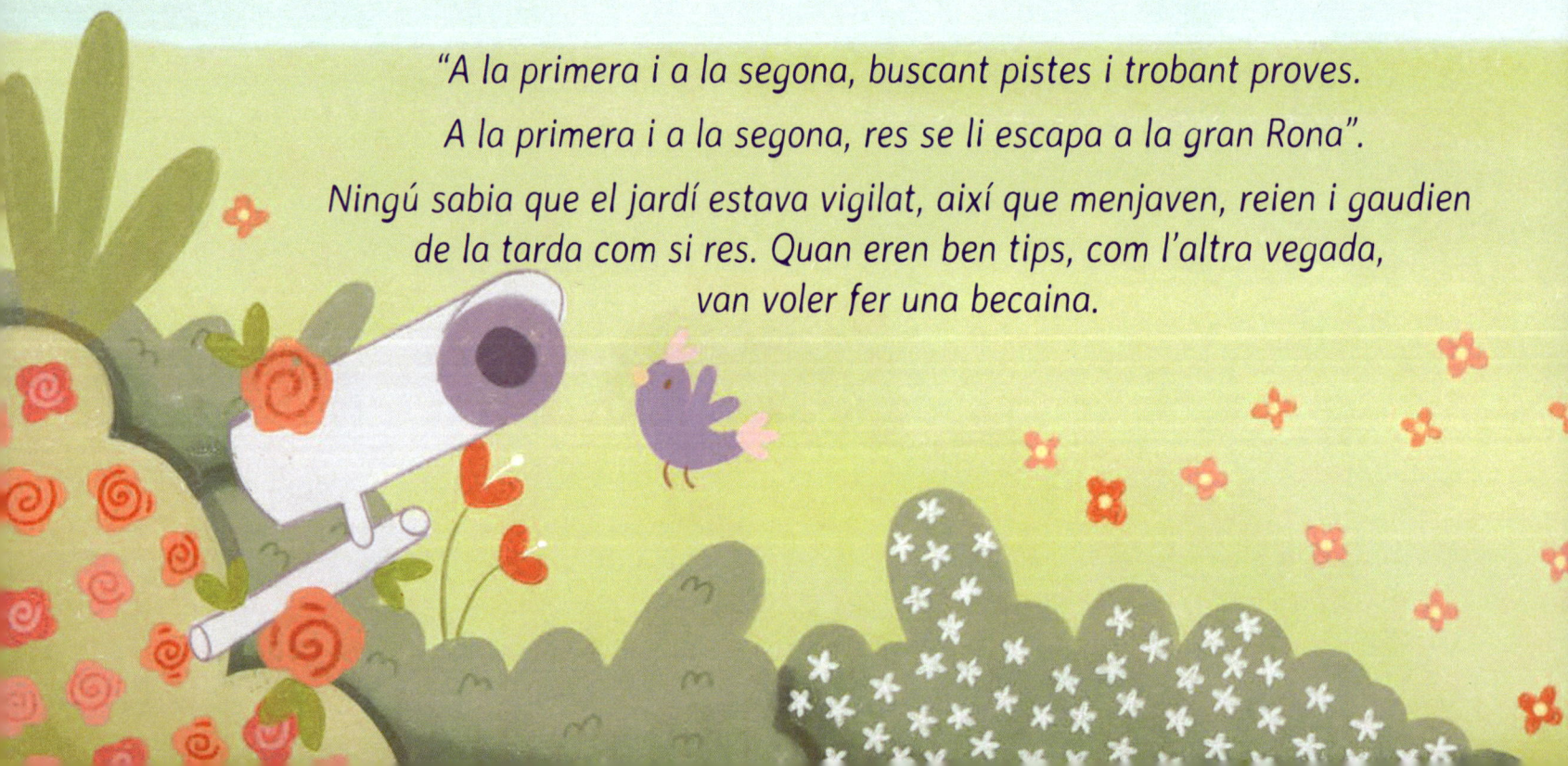

Al día siguiente, las nuevas flores rojas que habían crecido ya no estaban.

*Al dia següent, les noves flors vermelles que havien crescut, ja no hi eren.*

Una vez solos, Rona y Chester pusieron en marcha la grabación.

—¡No puede ser! —dijo sorprendido Chester.

—¡El ladrón siempre ha estado entre nosotros! —sentenció Rona.

Había sido el conejito Godi.

*Un cop sols, La Rona i en Xester van posar la gravació.*

*—No pot ser! - va exclamar sorprès en Chester.*

*—El lladre sempre ha estat entre nosaltres! - indicà la Rona.*

*Havia estat el conillet Godi.*

Hacía algún tiempo que andaba enamorado en silencio, y, como todos y todas sabéis, ¡el enamoramiento da mucha hambre! Por eso, cuando veía a Moli, se ponía muy nervioso y comía flores.

"A la una y a las dos, el misterio de la flor.

A la una y a las dos, la gran Rona es la mejor".

Nuestra sagaz tortuga había sospechado de Godi desde el principio, porque, además de muy sabia, era muy observadora.

*Portava un temps enamorat en silenci i tots i totes sabeu que l'enamorament fa venir molta gana! Per això, quan veia la Moli, es posava molt nerviós i menjava flors.*

*"A la primera i a la segona, buscant pistes i trobant proves.*

*A la primera i a la segona, res se li escapa a la gran Rona".*

*La nostra sagaç tortuga havia sospitat del Godi des del començament, perquè a part de molt sàvia, era molt observadora.*

Una vez resuelto el caso, Godi plantó flores rojas en el jardín de su amigo.
Eran las flores más bonitas que se habían visto nunca.

*Un cop resolt el cas, en Godi va plantar flors vermelles al jardí del seu amic.*
*Eren les flors més boniques que havien vist mai.*

Y si queréis saber si Moli y Godi se casaron, tendréis que esperar a otro cuento que aún no se ha contado.

*I si voleu saber si la Moli i en Godi es van casar, haureu d'esperar a un altre conte que encara no s'ha explicat.*

© Ana Cremades Martínez (de la obra)
©Apuleyo Ediciones (de esta edición)
Primera edición en Apuleyo Ediciones: mayo 2024
Diseño de cubierta: Sofía Corzo González
Corrección: Aitor Andreu Guerrero
Maquetación: Domingo Carrasco Martín
Ilustraciones: Evelys ceccon
Coordinación editorial: Isidoro Cidre González
info@apuleyoediciones.com
www.apuleyoediciones.com
ISBN: 978-84-1060-106-2
Depósito legal: H 30-2024

No está permitida la reproducción total o parcial de este libro, ni su tratamiento informático, ni la transmisión de ninguna forma o por cualquier medio, ya sea electrónico, mecánico, por fotocopia, por registro u otros métodos, sin permiso previo y por escrito de los titulares del copyright.

Hecho e impreso en España.

# EL LADRÓN DE LAS FLORES ROJAS

APULEYO EDICIONES     FOMENTO DE VALORES     CUENTOS ILUSTRADOS

Ana Cremades Martínez

APULEYO EDICIONES    FOMENTO DE VALORES    CUENTOS ILUSTRADOS